...L'humble chemin du doute à la force...

SAGESSE

Lydia MONTIGNY

SAGESSE

Mentions légales

© 2023 Lydia MONTIGNY

Édition : BoD – Books on Demand, info@bod.fr
Impression : BoD – Books on Demand, In de Tarpen 42, Norderstedt (Allemagne)

Impression à la demande

ISBN : 978-2-3224-8174-3
Dépôt légal : Juin 2023

Livres précédents (BoD)

* *Dans le Vent (VII 2017)*
* *Ecrits en Amont (VIII 2017)*
* *Jeux de Mots (VIII 2017)*
* *Etoile de la Passion (VIII 2017)*
* *As de Cœur (XI 2017)*
* *Pensées Eparses et Parsemées (XI 2017)*
* *Le Sablier d'Or (XI 2017)*
* *Rêveries ou Vérités (I 2018)*
* *Couleurs de l'Infini (II 2018)*
* *Exquis Salmigondis (V 2018)*
* *Lettres simples de l'être simple (VI 2018)*
* *A l'encre d'Or sur la Nuit (X 2018)*
* *A la Mer, à la Vie (XI 2018)*
* *Le Cœur en filigrane (XII 2018)*
* *Le Silence des Mots (III 2019)*
* *La Musique Mot à Mot (IV 2019)*
* *Les 5 éléments (V 2019)*
* *Univers et Poésies (VIII 2019)*
* *Les Petits Mots (X 2019)*
* *Au Jardin des Couleurs (XI 2019)*
* *2020 (XII 2019)*
* *Nous... Les Autres (X 2020)*
* *Ombre de soie (III 2020)*
* *Les Jeux de l'Art (IV 2020)*
* *Harmonie (VI 2020)*
* *La source de l'Amour (VIII 2020)*
* *Au pays des clowns (X 2020)*
* *365 (XI 2020)*
* *L'Amour écrit... (XII 2020)*
* *Haikus du Colibri (II 2021)*

.../...

…/…

* *Le Bonzaï d'Haïkus (IV 2021)*
* *Blue Haïku (V 2021)*
* *Avoir ou ne pas Avoir (VII 2021)*
* *Haïkus du Soleil (VIII 2021)*
* *Equinoxe (XI 2021)*
* *Un jour… Un poème (XII 2021)*
* *50 nuances d'Amour (VI 2022)*
* *Haïkus de l'Eté (VIII 2022)*
* *Haïkus blancs de l'Hiver (X 2022)*
* *Philopoésie (XI 2022)*
* *Toujours (XII 2022)*
* *L'Horizon des mots (III 2023)*

Construire le Silence

Sur la sagesse de l'instant

Regard transperçant

FAIRE UN PAS...

Faire un pas
Juste comme ça
Un petit pas
Devant soi.

Faire un pas,
Pour quoi ?
Pourquoi pas...
Mea culpa

Le silence est là
Il résonne en toi
Dans l'anonymat.
Faire un pas
Sans peur, sans combat,
Sans omerta,
Tel un film au cinéma
Muet et sépia
Dont on aime le poids.

.../...

…/…

Faire un pas
Comme un mot dans ta voix
Posé, délicat,
Un pas léger de chat
Rêvant d'opéra.

Faire un pas
Un pas vers toi
Un pas vers moi
Et du bout des doigts
Croisons nos vies là…

La lune du loup-

Hurler dans l'hiver craintif

Echo de ton cœur

MA FRONTIERE

Tu es ma frontière,
Mon sage imaginaire,
Ma folle raison
Défiant l'horizon.

J'aime ton histoire
Ses légendes qu'on veut croire
Ses titans qu'on voit choir,
Ses inconnus pleins de gloire…

Dans la vallée des mémoires
Les chants résonnent dans le soir,
Les cloches sonnent leur espoir
De trouver dans le brouillard
La confiance qui s'égare
Dans les méandres du hasard…

…/…

…/…

Tu es ma frontière
La parenthèse de l'univers
Tel l'arc en ciel de la victoire
Se reflétant dans ton regard.

Milieu indécis

De cette sieste éveillée

La méditation

L'ATTENTE VIDE

L'impossible temps
S'est tu au présent,
Immobile figurant
Qui lui a prêté serment.

Il se fixe la nuit
Dans le froid de ton lit,
Dans le ciel ahuri
Où l'angoisse te sourit.

L'immobile présent
Se fait écho du néant,
A croire que l'instant
Est figé éternellement

.../...

…/…

Dans cette vide attente
Je viendrai, patiente,
Tracer un chemin là
Pour qu'à nouveau tu y fasses un pas

Briser l'abandon

Du reflet d'un miroir

Eclat de rire

SAGESSE

L'attirance attend
Hésite, surprend,
Imagine le désir
Pour attendre l'avenir

L'amour est libre,
Sage équilibre, il vibre
A l'unisson du reflet
Du miroir que tu es

La passion attache
Englue et rattache
Tous tes espoirs fous
Et jamais n'échouent

Quel autre sentiment
Aussi ensorcelant
Saurait avec délicatesse
Egaler tant de sagesse ?...

Sage silencieux

Rayonnant de plénitude

Chant du colibri

FAIRE UN VŒU

Réciter la table de Pythagore
Ecouter le bruit de ton silence d'or
Embuer d'espérances la blancheur de tes nuits
Retourner le livre que tu lis
Faire la liste des mots à oublier
Eteindre la lumières des années
Faire des dunes de vent et des roses des sables
Dessiner un mouton et compter les gens
Sucrer les nuages
Offrir ta folie au sage et ta sagesse au fou
Faire un rêve où vivre, et une vie pour exister
Danser sous une pluie d'étoiles filantes
Ecrire avec les larmes dorées du soleil
Sourire, rire, avec l'humilité de l'instant
Garder le secret de ton vœu…

Déranger le temps

Effacer chaque chiffre

Secret du présent

SAGESSE

Je patience

Tu folies

Elle expérience

Nous apprenons

Vous humilités

Elles taisent

Jour de solitude –

Faire l'écho du néant

Au milieu de rien

Traverser le temps

Sans verser de larme,

C'est comprendre le vent

Et en faire une arme…

Dessiner un cercle

Poser son rêve au milieu

Respirer et vivre

LUMIERES

Dans ce paysage lunaire
Un pinceau de lumières
Glisse, distrait
Quelques longs rais
En suivant les rivières,
Les montagnes de pierres
Le murmure des prières...
Dans le bleu circulaire
Danse la poussière
Et les étoiles de l'univers
Brillent sur l'imaginaire
De ton âme légère...
L'amour guide sa lumière...

Chercher du regard

Le soleil dans le matin

Toujours se lever

POLITESSE OU SAGESSE

La politesse dit Nous
En posant le plus doux
Sourire dans mon cou

La sagesse dit Vous
Derrière le loup
Du premier rendez-vous

La politesse dit Nous
Dans ton regard qui avoue
Que tu deviens fou

La sagesse dit Vous
A tes mots à genoux
Dont l'amour est jaloux

.../...

…/…

La politesse dit Nous
Quand le vent joue
Nous poussant joue contre joue

La sagesse dit Vous
Et doucement échoue
Contre toi tout à coup

Jour d'embarras-

Où poser une question

Délicatement

CONJUGAISON

D'un VERBE SAGE

Je   lys   - sage

Tu   mes   -sage

Il   pas   -sage

Nous bras -sage

Vous vis   -sage

Elles vernis -sage

LE JARDIN DE LA SAGESSE

Tu découvres le jardin
Dans le soleil du matin
Savourant chaque bruit
Chaque rayon de mélodie.

Tu caresses de la main
La robe de satin
D'une rose rubis
Ou d'une belle ancolie

Tu marches avec lenteur
De fleur en fleur,
Oubliant l'heure
Du saule pleureur.

.../...

.../...

Dans la fraîche fontaine
Les oiseaux se baignent
S'éclaboussant même
De leurs joies diluviennes

Tu respires la sagesse
Dans son infinie délicatesse
Assis dans le jardin...
Le jour se lève, divin...

Grignoter le ciel

Boire les rayons du soleil

Répondre à ton rire

L'errance de mes pas

Vagabondant sur les chemins

S'achève quand ta main

Accompagne mon destin

Border les étoiles

Sagesse de l'espérance

Aimer la nuit blanche

SAGE DESIR

Le désir le plus doux
Le plus sage, le plus fou
Se glisse dans mon cou
Le lovant là, jaloux

Il attend sans attendre
De se laisser surprendre
Par ton élan si tendre
Sans même s'en défendre

Ecrivons cet instant
S'étirant vaguement
Entre le temps musicien
Et l'amour qui nous étreint…

Compter les pages

Du grand livre de la vie

Faire disparaître les chiffres

CONJUGAISON DE L'EVASION

J'en-soleil-au zénith

Tu re-mer-si-le-ciel

Elle s'en-va-gue-à-l'âme

Nous a-lune-hissons-à-l'unison

Vous i-mage-in-air

Ils marque-page-à-page

Demain pour toujours

Ricochet de son écho

Infini miroir

L'AUBE DU JOUR

Désirer sagement

L'aube du jour

C'est désirer patiemment

Le soleil de l'amour

Vivre sagement

Cet instant si fragile

C'est rendre étincelant

Une étoile qui file

Etre l'inconnue

Sous un regard captivé

Existence muette

LE CHATEAU ABANDONNE

Soirée sur la plage
Le regard en voyage
Sur les vagues au large
La solitude est sage
Et sur le sable doré
Son château abandonné
Aux bras des marées
Berce le rêve salé
De ton cœur émerveillé

Le chemin commence

Sous les pas de l'écrivain

Un mot après l'autre

UN HAIKU ?

Voilà tout un art
Une sagesse sans hasard
Un élan de lumière
Presque une prière.

Oublions tous les temps
Il suffit du présent,
L'infinitif s'écrivant
Humblement

Ignorons les pronoms
Et le propre des noms
Peu d'articles suffiront
Pour dessiner les sons

Un Haïku est vivant
Sensible, troublant,
Explosant en charmant
Votre cœur impatient

…/…

…/…

Il est ce tableau
Colorié de mots
Sans ponctuation aucune
Sous le reflet de la lune

C'est un poème timide
A la force d'une pyramide
Une seule respiration
Légère comme un papillon

Laissons-nous surprendre
Par sa fin nous éprendre
C'est un raffinement
Libre, juste et élégant

L'haïku est émotion
Yoga des sensations,
Pacifique et bienveillant…
Un esprit s'éveillant

Signé :
Votre Haïjin

Jour de confiance

Aimer être la page

Cachée dans ce livre

JE T'ECRIS CE POEME...

J'écris ce poème
Avec des mots de bohème
Aux couleurs qui se sèment
Dans les reflets que tu aimes

Les images s'installent
Encrant leurs escales
Sur les pages pâles
Où tes rêves s'étalent

J'imagine un décor
Où le temps vient éclore
Où vivre sans le nord
Avec la vie comme trésor

.../...

.../...

J'écris ce poème
D'une douceur extrême
Pour que les images que tu aimes
A jamais s'en souviennent...

Les champs de silence

Frôlent la solitude

Un coquelicot

OFFRANDE...

Le temps lisse
Avec tant de délices
Les mots qu'on tisse
Qu'on défroisse ou plisse

Le temps blesse
L'instant de faiblesse,
Et devient liesse
Sous la pluie qui ne cesse

Le temps panse
Les mots d'absence,
S'envole et danse
Dans l'espoir intense

.../...

.../...

Le temps sait comprendre
La vérité tendre
Et la raison vient surprendre
Le temps comme une offrande...

L'intelligence –

Musique pour surprendre

L'image du silence

Entre le ciel et l'eau
Il y a l'horizon qui se devine
Comme le trésor d'un mot,
La force mutine,
La sagesse de garder
La survie comme secret,
Et leurs reflets dans l'eau
Indissociables et beaux

Le balancement

Du vent dans les grands cyprès

L'hypnose vacille

CONJUGAISON SUPR-AIME

Je diad-aime

Tu beau-aimes

Elle tôt-aime

Nous sommes ind-aimes

Vous café-cr-aime

Ils strate-à-j'aime

Un instant volé

Aux chiffres aléatoires-

Evasion du O

SAGESSE DU PRESENT

Comprendre les mots
Les fleuves de silences
Les ponctuations du vent

Parler à l'écho
Qui rebondit et danse
Eternellement

Aimer le fluide de l'eau
Où glisse avec élégance
La Sagesse de l'instant

Devenir le vent

Œuvre musicale du temps

Une vie de plume

IL SERA…

Regarder devant soi

Imaginer une voix

Se retourner sur ses pas

Te tendre les bras

Marcher près de toi…

Il sera une fois…

Le baiser du soleil

Sur l'oreiller de plumes

Se laisser tomber

LA SOLITUDE

C'est une page vide,
Un abysse livide,
Un profond horizon
Happant la raison.
Elle creuse sous tes pieds
Les mers du monde entier,
Et dans l'enclos de tes mains
Retient ce Demain…

La solitude rit
Indélébile sosie
De l'instant qui s'enfuit
En dansant sous la pluie.
Elle apprivoise ton corps
Sans aucun effort,
Le goutte et le dévore
Sans le moindre désaccord

…/…

…/…

Elle est ce rond dans l'eau
D'un caillou cherchant son écho,
L'illusion douce et sauvage
Illuminant ton visage.
La solitude est la demeure
De la sagesse du bonheur,
La quiétude de l'instant
Sur ces mots… seulement…

Ecouter le vent

Une hésitation légère

Sourire lumineux

JE VAIS...

Je vais,
Vers le chemin sans fin
Du désert magicien
Où le sable fin
Reste le souverain
Fluide entre tes mains
Infime, grain à grain

Je vais
Vers la lueur du matin
Dans l'instant incertain,
Les yeux sur l'horizon
De ta pure émotion,
Sur la pointe des pieds
Marcher dans la rosée

.../...

…/…

Je vais
Le corps et l'âme nus
Vers la rivière inconnue
Où tombe simplement
La lumière du temps…
Je vais pour t'offrir
Le jour de mon avenir

Ecrire une histoire

Choisir les mots un à un

Lire ton sourire

D'ici à là
Tu vas tout droit
Comptant tes pas
Tout bas

Ici et là
Tu poses ta voix
Sur le bout des doigts
De tant de pourquoi

Ici ou là
Vole en éclats
Mon unique aura
Si tu n'es pas là

Deci delà
Le temps sème parfois
Des morceaux de soi…
Restons là…

Tâche de buvard –

S'imprégner de toutes larmes

Encrer la mémoire

Dis-moi Demain

Retiens ma main

Le présent n'attend pas

L'espace de tes bras

MAINTENANT

Un bateau quitte le port
La barre calée au nord
Il est quatre heures

L'oiseau s'éveille sous la pluie
Avec un gout de paradis
Il est six heures

Un cheval marche dans la brume
Sur l'horizon le ciel s'allume
Il est sept heures

Le vent sonne l'absence
De la raison, de la patience
Il est midi

.../...

.../...

Le bateau rentre au port
Le pont plein d'écailles d'or
Il est treize heures

Une pluie tiède et fine
Sur l'escargot se fait divine
Il est quinze heures

Entre les livres et les cahiers
Un enfant range son plumier
Il est seize heures

Le bateau s'amarre dans le port
Un goéland s'endort
Il est vingt heures

La lumière tombe doucement
Sur la vie, sagement
Maintenant ...

Pétale de silence

Exaltant la bouche close

Printemps de sagesse

JE DECLARE…

Je déclare l'Amour
A la guerre,
La sauvage douceur
De l'enfer

Je déclare le bonheur
A l'erreur,
Des bouquets d'espérance
Aux différences

Je déclare des soleils
Aux nuits de lune,
Des rêves immortels
Comme des nuages de plumes

…/…

…/…

Je déclare la liberté
Au vent soufflant
Dans mes bras écartés
Confiants

Je déclare raison
A l'humble vérité,
Les mots de la passion
A la raison aimée …

Fragilité douce

Email d'un instant de calme

Bulle de patience

IMAGINE

Imagine des sons
Doux et ronds
Comme des bulles de savon,
Rieurs et sauvageons,
Faisant des bonds,
Et rebonds vagabonds

Imagine une note cristalline,
Gracieuse ballerine,
Sillonnant une ligne
De ses pointes si fines,
Elle s'accorde et signe
Fluide mélusine

.../...

…/…

Imagine à présent
Un calme indécent,
Abandon élégant
De ses mots dans le vent,
Unisson libérant
Tout l'amour existant…

Averse de mai-

Une flèche de soleil

Blesse l'évidence

NON… OUI…

L'élégance
De la sagesse
Est la révérence
De la délicatesse.

Elle fait d'un « non »
Une résolution,
Une méditation,
Auquel répond
Un « oui » de passion
De dépossession,
De compréhension,
De fusion…

Instant indiscret

Dans les regards se croisant

Silence parfait

JEUX

Tu marches dans les cases
Du grand échiquier de la vie,
Le fou court vers l'emphase
Sacrifiant sa philosophie.

Tu traverses les cases
De la marelle aussi
Le ciel est en extase
De la chance qui sourit.

Tu tournes les dominos
Dans une ruse subtile
Le soleil est si beau
Sur la sagesse sublime

Un petit caillou

Malaisé dans la chaussure

L'âme va pieds nus

La Sagesse...

Est cette brise apaisante
D'une humble intelligence,
Cette rayonnante douceur
Dans la fêlure de ton cœur

Elle est ce sourire calme
Comme la fontaine de l'âme
Où l'on boit la magie
D'un rêve de pluie

Elle est cette danse gracile
Comme un battement de cil,
Cette perfection fragile
De ta force tranquille

La sagesse est cette lumière
Dans l'histoire de ce jour,
L'aube d'une prière
S'élevant vers l'amour...

Aimer l'horizon

Dessiner un soleil rond

Croire en chaque jour

MIXTE
Papier issu de sources responsables
Paper from responsible sources
FSC® C105338